LETTRE

D'un Bordelais au Pere Hervier, en réponse à celle que ce Savant a écrite aux Bordelais à l'occasion du Magnétisme Animal.

C'EST mal à propos, Monsieur, que vous avez écrit à M. Mesmer « qu'il ne trouveroit » point à Bordeaux les difficultés qu'il a » rencontrées ailleurs lorsqu'il a voulu re- » pandre sa découverte. Augurez mieux, s'il vous plaît, des habitans de cette Ville. Il y a plus de Savans à Paris, il est vrai, c'est le centre du savoir en tout genre; mais cela n'empêche pas qu'il n'y ait à Bordeaux un foyer où l'on trouve quelques lumieres concentrées, & des gens qui veulent voir avant de croire. D'après cela vous ne devez pas juger de la façon de penser de nos Savans, par la facilité & la crédulité d'une populace avide de nouveauté.

Vantez à M. Mesmer la franchise de nos habitans, leur bonne foi, leur desir de s'instruire & leur ardeur à faire le bien, vous lui direz vrai : mais ne le flattez pas qu'il pourra librement exercer ici l'empyrisme & nous en imposer par des mots. Qu'il choisisse cette Ville pour le théâtre de son établissement, mais qu'il nous instruise : nous ne voulons point du merveilleux, nous voulons voir, qu'il parle à nos yeux, à nos oreilles, à notre raison, qu'il nous ouvre les sources de son *Magnétisme Animal*, qu'il nous démontre l'art de l'en extraire, qu'il nous apprenne la maniere de l'appliquer utilement, & nous croirons en lui. Ce n'est qu'à ces conditions que nos Médecins rendront hommage soit à lui, soit à son Disciple. Croyez moi, nos Savans n'ont pas plus d'humilité qu'il n'en faut à des Gascons, vous n'en viendrez à bout qu'en les convainquant, & ce n'est pas aisé.

Il est bien étonnant, Monsieur, « que » vos engagemens avec le D. Mesmer, *cet homme si désintéressé, qui sacrifie sa fortune & son repos au bien de l'humanité*, « ne vous permettent pas d'assembler un concours de malades, & de les traiter avec des machines magnétisantes. De tels engagemens ne font honneur ni à celui qui les exige, ni à celui qui s'y soumet. Je crois qu'un Chrétien qui auroit été forcé de jurer qu'il ne feroit de sa vie aucune œuvre de charité, seroit louable d'abjurer un tel serment & de l'enfreindre; ce seroit au moins remplir le but de votre Sermon du 11 de ce mois, par lequel vous avez ſi bien démontré, que rien ne peut diſpenſer de faire du bien aux malheureux.

Je ne ſuis pas moins étonné de lire dans l'avis de l'Editeur, ſigné d'un nom recommandable par un ouvrage intéreſſant, ces mots : p. VII « Si ſon Agent, (le Magné-» tiſme Animal) » n'étoit pas une chimere, on ne verroit pas un ſi grand nombre de perſonnes occupées à le découvrir, ou perſuader qu'elles l'ont déja trouvé. C'eſt comme ſi l'on diſoit ſérieuſement : ſi la pierre philoſophale, le mouvement perpétuel & la quadrature du cercle n'étoient pas des chimeres, on ne verroit pas un ſi grand nombre de perſonnes occupées à les découvrir, ou perſuader qu'elles les ont déja trouvées.

Je ſais que vous êtes Miniſtre de l'Evangile ; mais ce n'eſt pas en cette qualité que je vous adreſſe cette Epitre : je n'écris ici qu'à l'Apôtre de Meſmer. Trouvez bon, ſous ce titre, que je vous faſſe part de mes réflexions, tant ſur votre Lettre à M. de Gebelin, que ſur quelques notes relatives à cette Lettre.

D'où vient, dites-vous, p. 5, « qu'on s'ef-» force de combattre certaines Sciences avant » de les avoir examinées ?

Si c'eſt du ſyſtême Meſmérien que vous entendez parler, permettez-moi de vous le dire, la queſtion eſt déplacée ; puiſque ce n'eſt qu'après l'avoir fait examiner par ſes

Commiſſaires, que la Faculté de Médecine de Paris l'a rejeté.

Depuis ſix cens ans cette Compagnie de Savans conſacre ſes travaux & ſa fortune au bien de l'Etat par la recherche de tout ce qui peut étendre les connoiſſances de la vraie Science Médecinale, & vous voulez qu'une Société de 160 membres, dont les mœurs de chacun ſont pures & les lumieres certaines, n'ouvre pas avec ardeur ſon école à une doctrine auſſi avantageuſe ? Ah ! Pere Hervier, il faudroit ſuppoſer à cette Compagnie ou l'ignorance la plus craſſe, ou la mauvaiſe foi la plus inſigne. *Fraus non preſumitur, on ne ſuppoſe point la fraude.* Un homme peut être prévenu ; mais cent ſoixante, ah ! Pere, vous n'y penſez pas.

On lit, p. 7 « ils (les hommes, par la vertu » du Magnétiſme Animal) jouiront des dou» ceurs de cet âge ſi vanté où le travail ſe fai» ſoit ſans peine, la vie ſe paſſoit ſans cha» grin, & la mort approchoit ſans douleur». Il ne reſte plus qu'à dire : *& l'homme ne mourra point.* Nous voilà au Paradis d'Eden, les décrets d'un Dieu immuable vont être changés par le D. Meſmer ; c'eſt le Prophete Hervier qui l'annonce.

Il y a, p. 10 « le génie de l'homme en » poſſeſſion de ce fluide (le Magnétiſme » Animal) commandera peut-être à la na-

» ture des effets plus merveilleux : qui peut » ſavoir juſqu'où s'étendra ſon influence » ? Des effets plus merveilleux ! Eſt-ce qu'il l'emportera ſur la Sageſſe ſuprême ? C'eſt un Miniſtre de l'Evangile qui annonce cette chimere. Apôtre de Meſmer, où vous emporte votre zele ?

Vous dites au même endroit, en parlant de ces expreſſions : « on ſaura un jour que » j'ai ménagé la diſpoſition actuelle des eſ- » prits, & que je ſuis demeuré au deſſous » du Sujet que j'avois à peindre. Ah ! qu'euſſiez-vous dit, Pere Hervier, ſi vous euſſiez parlé à des gens qui euſſent eu des diſpoſitions moins chrétiennes ?

P. 10, encore vous nous annoncez « que » les vingt-ſept propoſitions de l'Auteur du » Magnétiſme, adreſſées à toutes les Aca- » démies de l'Europe, ont reſté ſans réponſe». Ah ! pour le coup, Pere, vous n'accuſerez pas d'ignorance un ſi grand nombre de Compagnies, qui ſont autant de ſources de ſcience dont les canaux ſe répandent par toute l'Europe & dans les autres continents Les Savants en tout genre qui compoſent ces illuſtres Compagnies, ne peuvent être ſoupçonnés de négligence, eux qui conſacrent leurs veilles à rechercher eux-mêmes tout ce qui pent être utile à l'homme ou l'éclairer, eux qui prodiguent le plus ſouvent une grande partie de leur patrimoine à faire des expériences ruineuses, ou à l'établissement des prix considérables pour exciter l'émulation des Savans qui n'ont pas le bonheur de leur être unis, & les engager à faire des recherches utiles. Ces respectables mortels ne peuvent certainement, ni ne doivent être soupçonnés de mauvaise foi. Pourquoi n'ont-ils donc pas répondu à M. Mesmer? Est-ce fatalité, ou peut être parce qu'il n'est pas aussi facile de persuader des Compagnies de Savans que de convaincre quelques enthousiastes par ci par là.

J'admire cet effort d'imagination qui vous a fait enfanter, p. 14, cet argument invincible: « il n'y a qu'une vie, qu'une santé, » qu'une maladie, *par conséquent* qu'un re- » mede. C'est le Magnétisme Animal, n'est- » ce pas? Excellente conclusion, digne d'un Orateur qui a l'art de persuader & de convaincre. Il y a long-temps qu'Ailhaud en a dit à peu près autant; l'idée n'est pas neuve, elle me rappelle une proposition singuliere d'un Anabaptiste qui me disoit un jour: il n'y a qu'un Dieu, qu'une Religion, qu'un péché, & *par conséquent* qu'un moyen d'être sauvé. Vous devinez qu'il entendoit le Baptême.

Vous dites, page 14, la santé est l'harmonie des humeurs, & la maladie est l'atberration de la ſanté. Ces définitions, quoique peu exactes, contiennent au moins quelque choſe de vrai; mais convenezlà, de bonne foi, Pere, que cet équilibre peut ſe déranger de diverſes manieres, ce qui fait autant de maladies diverſes. Les ſolides ne peuvent-ils pas être trop tendus ou trop relachés? De là, certainement des maladies différentes: les fluides trop abondants ou en trop petite quantité, le ſang ne peut-il pas enfiler les vaiſſeaux lymphatiques? ne peut-il pas ſe mêler aux humeurs un excès d'acides ou d'alkali? ce qui donnera lieu à autant de maladies différentes. Ouvrez les yeux de la raiſon, Pere, mettez la main ſur la conſcience & confeſſez la vérité.

Vous faites dire au D. Meſmer, p. 15, » Il exiſte dans la nature un principe uni-» verſellement agiſſant, & qui indépendam-» ment de nous, opere ce que nous attri-» buons *vaguement* à l'art & à la nature.

Oh! parbleu, il faut bien que ce ſoit l'art ou la nature qui agiſſent, ſans quoi point d'action. Car quand ce ne ſeroit que le Magnétiſme Animal qui eût opéré, on auroit raiſon de dire que c'eſt l'art, ſi du moins vous conſiderez ce fluide comme un agent que l'on puiſſe maîtriſer, diriger & conduire à ſon gré. Si, au contraire, vous le conſiderez comme un agent qui opere ſeul, ſans le ſecours d'aucun art, alors on aura raiſon d'attribuer ſon opération à la nature; & ce ne ſera pas *vaguement* qu'on l'aura fait. Ce *vaguement* me révolte; c'eſt bien là le cas de dire: *omnis homo mendax*, tout homme eſt menteur.

Pour moi qui reconnois auſſi ce principe agiſſant, je ne crois pas que ce ſoit le Magnétiſme Animal, que je n'ai pas le bonheur de connoître; mais bien le principe de vie, ce mouvement communiqué à la machine par l'Etre ſuprême pour entretenir ſon action juſqu à la fin de ſon exiſtence.

Si vous voulez appeller ce principe vital *un Magnétiſme Animal*, je n'empêche: vous pouvez donner ce nom à tous les contraires, aux acides & aux alkalis, à l'eſprit recteur des plantes odorantes, au flegme des plantes inodores. En ce cas je conviendrai que le Magnétiſme Animal guérit toutes les maladies, parce que le froid & le chaud, le ſec & l'humide, porteront alors ce nom générique. J'aimerois autant l'appeller *Médicament*.

Il eſt poſſible, comme vous l'annoncez pag. 16, qu'il ſe gliſſe des erreurs dans les remedes chimiques ou purement botaniques; mais ces erreurs ne ſont ni de la Médecine, ni de la Chimie, ni de la Botanique, elles ſont du Médecin négligeant ou ignorant, qui prend l'un pour l'autre.

S'il exiſtoit un moyen de recueillir un fluide quelconque, de le diſpoſer de maniere à pouvoir s'en impregner, pour le communiquer enſuite à un être ſouffrant, ne pourroit-on pas en communiquer, trop, ou trop peu? Ne ſeroit-ce pas une erreur? Et ſi la qualité de ce fluide n'étoit pas de nature à opérer l'effet qu'on s'étoit propoſé, mais un tout contraire, ne ſeroit-ce pas une autre erreur? c'eſt ce qui peut arriver à tout être magnétiſant, ſans qu'on puiſſe blâmer le Magnétiſme, s'il n'eſt pas une chimere, comme il y a tout lieu de le craindre. Eh! croyez-moi, Pere, n'intimidons pas un peuple crédule par des mots qu'il n'entend pas; parlons à ſes ſens, & n'abuſons point d'un caractere reſpectable, fait pour annoncer toujours la vérité afin de l'induire en erreur. On ne trompe pas les Savans, & il n'y a pas de gloire à ſéduire les ignorants.

Pour faire ſentir que le Créateur n'a pas émaillé nos prairies des fleurs les plus agréables, pour que le Médecin dénaturant ces merveilles du printemps dans ſes fourneaux, les convertiſſe en des poiſons déſagréables, & qu'il n'a pas voulu qu'on allât chercher parmi des herbes à lavement de quoi faire des guirlandes de fleurs à une bergere; c'eſt en vain que vous appellez à votre ſecours dans votre ſixieme note un Savant proſcrit de l'Egliſe, parce qu'il n'avoit pas le bonheur d'être Catholique Romain, & qui, pour cette raiſon autant que pour ſa philoſophie, qu'il ne m'appartient pas de diſcuter, a été anathématiſé dans toutes nos chaires; ce ſavant hérétique, qui étoit peut-être plus ſage que bien des Romains, & que le ciel eût ſans doute éclairé des rayons de ſa divine lumiere, s'il n'eût pas jugé néceſſaire de trancher le fil de ſa vie, pour nous apprendre qu'il ne faut pas différer l'ouvrage de notre ſalut. Hélas! que ne vit-il encore au milieu de nous, il vous diroit qu'il reconnoît la ſainte Bible pour l'ouvrage du Saint-Eſprit; il ouvriroit ce livre ſacré, & vous feroit voir dans le chap. 38 de l'Eccleſiaſtique ces vérités inconteſtables, reſpectées même du *Turc*.

Honora Medicum, propter neceſſitatem, etenim illum creavit altiſſimus	Honorez le Médecin, à cauſe de ſa néceſſité, car c'eſt le Très-Haut qui l'a créé.
A Deo eſt omnis medella & à Rege accipiet donationem.	Toute la médecine vient de Dieu, & elle recevra des préſens du Roi.
Diſciplina medi-	La ſcience du Mé-

ci exaltabit caput illius & in conspectu magnatorum collaudabitur.

Altissimus creavit de terra medicamenta, & vir probus non abhorrebit illa.

Non ne à ligno indulcata est aqua amara ?

Ad cognitionem hominum virtus illorum ; *& dedit hominibus scientiam altissimus honorari in mirabilibus suis. &c.*

decin l'élevera en honneur, & il sera loué devant les Grands.

C'est le Très-Haut qui a produit de la terre ce qui guérit, & *l'homme sage n'en aura point d'éloignement.*

Un peu de bois n'a-t-il pas adouci l'eau qui étoit amere.

Dieu a fait connoître aux hommes *la vertu des plantes*, le Très-Haut leur en a donné la science afin qu'ils l'honnorassent dans ses merveilles. &c.

Il ne diroit pas comme ce Ministre de la parole de Dieu, Apôtre de Mesmer, que *c'est l'erreur qui a inventée ces drogues mensongeres.*

Oh! savant, mais malheureux Rousseau, vous reconnoîtriez le doigt de Dieu dans les vertus qu'il a données aux plantes, pour le bonheur de l'humanité. Vous trouveriez des vertus dans la ſauge, comme dans la vigne qui engendra le vin, qui engendra le tartre, qui engendra la crême de tartre (a). Mais laiſſons ce Savant & reſpectons ſa mémoire, ſans entreprendre de faire ſon apologie; il vous appartient comme Théologien de relever ſes erreurs, comme Phyſicien, je ne peux qu'admirer ſes connoiſſances, & votre réfutation, quand elle ſera faite; en attendant continuons votre Lettre.

On y lit, p. 17 « Le D. Meſmer a fait ſon » étonnante découverte en étudiant la mé- » decine. Élevé à l'école de Van-ſwieten & » de Haën, diſciple du fameux Bœrhave, » il s'eſt frayé une route nouvelle, & ce n'eſt » qu'après avoir long-tems combattu les pré- » jugés, qu'il s'eſt avancé dans la connoiſſan- » ce des vrais principes de la nature. Éclairé » d'un nouveau jour, ſes obſervations lui ont » fait ſentir le profond ſyſtême qu'il annonce.

Ce Docteur s'eſt furieuſement écarté des principes de ſes maîtres illuſtres : c'eſt ainſi que Luther, Calvin, &c. élevés à l'école des Peres de l'Égliſe, (ſous la conduite de St. Pierre, diſciple de Jeſus-Chriſt & ſon Vicaire, & ſes ſucceſſeurs) ſe ſont écartés des principes de la religion de Jeſus-Chriſt; après avoir, diſoient-ils, combattu les prétendus préjugés

---

(a) Le Pere Hervier donne de la Crême de tartre à ſes Malades.

de cette Religion ſainte, aveuglés par d'épaiſſes ténebres, ils ſe ſont crus éclairés d'un nouveau jour, leurs obſervations leur ont fait ſentir le profond ſyſtême qu'ils ont annoncé; comme lui ils ont eu leurs Apôtres, ils ont fait quelques petits miracles.

M. Meſmer a mal connu les François; trop éclairés pour ſe laiſſer ſurprendre, ils veulent des raiſonnements, des expériences, enfin des preuves. Il a d'abord, dites-vous, joui d'un accueil favorable à Paris, j'en conviens: le peuple, avide de nouveauté, ſe montre par tout le même. N'en eſt-il par arrivé autant ici aux Empyriques *Agyronni*, *Molenier*, *Cagliaſtro*, &c. mais les yeux à la fin ſe déſſillent, on eſt connu, & *l'envie*, dites-vous, *ſuſcite de puiſſants ennemis*. Ce n'eſt pas *l'envie*, c'eſt le maſque qui laiſſe voir en tombant l'homme tel qu'il eſt.

Vous faites bien de l'honneur à la nation françoiſe de l'appeller une nation demi-ſavante; vous réuſſiriez, je crois, comme vous l'aſſurez, beaucoup mieux parmi des peuples ſauvages.

Vous vous écriez avec étonnement p. 20 » Aujourd'hui plus que jamais on veut voir » pour croire, il y a même de l'eſprit à ne » pas croire ce que l'on voit, tant la raiſon » a fait de progrès parmi nous.

Je ne ſaurois blâmer cette conduite dans

certaines occasions, sur-tout quand on traite avec des gens à miracles, qui vous fascinent adroitement les yeux. Il n'en est pas de la médecine comme de la théologie; là il faut parler aux yeux, aux oreilles, à tous les sens, à la raison même; encore le doute est-il permis: ici la Foi doit être aveugle & muette, il ne faut ni doute ni raisonnement. Ne vous étonnez donc pas, Pere, qu'on veuille voir pour croire en Médecine.

Vous nous annoncez, p. 25, que « les Médecins croient rencontrer dans le fluide » électrique un moyen pour reprimer les » écarts de la nature, ils obtiennent des » guérisons qui proviennent, sans qu'ils s'en » doutent, du Magnétisme Animal ». En vérité, Pere, vous êtes bien peu d'accord avec vous même : ne nous avez-vous pas dit ailleurs que *le Magnétisme est distingué de l'Électricité & de l'aimant*.

Vous dites également, p. 28 « La Médecine est la moindre des connoissances qu'elle développe (la science du Magnétisme) après avoir dit, p. 13 « Cet agent universel qui » travaille perpétuellement la matiere, répand la vie & la santé, ses phénomenes » les plus frappans s'observent dans la Mé» decine, & ce n'est que par elle que le D. » Mesmer en prouve l'existence & les pro» priétés ». Par elle, par la Médecine; *la*

Médecine n'est donc pas la moindre des connoissances qu'elle développe, ou plutôt c'est la Médecine qui développe cette science ; cette science est donc la fille de la Médecine, une fille doit être la très-humble servante de sa mere & non pas une servante maîtresse, comme vous l'assurez dans une excellente note. p. 46.

L'art de prouver n'est point inutile à un Orateur, je vous conseille, Pere, d'aller à l'école de notre nation demi-savante pour l'apprendre, vous avez de l'esprit, du goût, vous profiterez. Suivez mes conseils, ils sont dictés par la bonne foi & l'amour du bien public. Je suis, avec les sentiments qui vous sont dus.

TRE'S-RÉVÉREND,

Votre très-humble
& très-obéissant
serviteur, E. F.

Bordeaux, le 15 Mars 1784.

P. S. Vous voulez que la Médecine ne soit point confiée à des ames mercenaires ; je conviens qu'une science aussi noble, & qui rapproche tellement le Médecin du Créateur, ne doit pas être exercée par des gens intéressés : empêchez donc, si vous le pouvez, qu'un vil charlatan de votre connoiſſance & de la mienne ne prenne un louis par viſite, quand le plus exigeant de nos Docteurs ſe contente de ſix livres par viſite pour les plus riches, & que bien loin d'exiger des honoraires des pauvres, il leur donne de quoi ſe procurer du bouillon & des remedes.

Le Lecteur qui doutera de l'exactitude des citations peut les confronter à la lettre du Pere Hervier, qui ſe vend chez Pallandre, l'ainé. Je n'ai relevé ici que celles qui m'ont le plus choqué : heureux ſi je puis, par ce petit eſſai, parvenir à lever le maſque & déchirer le bandeau.

A AMSTERDAM,
1784.

www.ingramcontent.com/pod-product-compliance
Lightning Source LLC
LaVergne TN
LVHW052041160826
845678LV00003B/1470

* 9 7 8 2 3 2 9 6 3 7 3 6 5 *